Puedes consultar nuestro catálogo en
www.picarona.net

¡Este libro es perfecto!
Texto: *Ron Keres*
Ilustraciones: *Arthur Lin*

1.ª edición: abril de 2024

Título original: *This Book is Perfect!*

Traducción: *Júlia Gumà*
Maquetación: *Sara Moreno*
Corrección: *El Taller del Llibre, S. L.*

Edita: Picarona, sello infantil de Ediciones Obelisco, S. L.
Collita, 23-25. Pol. Ind. Molí de la Bastida
08191 Rubí - Barcelona
Tel. 93 309 85 25
E-mail: picarona@picarona.net

ISBN: 978-84-9145-718-3
DL B 2721-2024

Impreso en SAGRAFIC
Passatge Carsí, 6 - 08025 Barcelona

Printed in Spain

¡Este libro es PERFECTO!

Escrito por Ron Keres
Ilustrado por Arthur Lin

¡Este libro es PERFeCTO!

Escrito por Ron Keres
Ilustrado por Arthur Lin

Para Finley y Avery – R. K.
Para mi familia perfecta – A. L.

Y un agradecimiento especial a la señorita Jill

¡Este libro es PERFECTO!

Oh, vaya, vaya.

Deja que me presente. **SOY** la RANA Finn, y esto, amigo mío, es ¡el libro **MÁS LIMPIO** que verás jamás!

Algunos incluso dicen que es **PERFECTO**, pero yo no quiero presumir de ello.

Lo sé. Lo sé. La mayoría de las ranas son **VISCOSAS** y **SUCIAS**. Pero yo no lo soy. De ninguna manera. Ya lo verás, soy la rana más limpia que conocerás.

Creo que vas a quedarte muy impresionado con lo que estás a punto de presenciar.

Entonces... ¿Empezamos?
Vamos. Pasa la página.

¡AHHHHH!

¿Qué es lo que hay en tus dedos? ¿Estás comiendo **GANCHITOS DE QUESO** mientras lees **MI** libro?

¿En qué estás pensando?
¡No puedes comer ganchitos
de queso mientras lees este libro!
Límpiate las manos y aparta ese
tentempié **¡AHORA MISMO!**

Pfiu, eso está mejor. Ya sabes, un poco de trabajo duro hace milagros para mantener las cosas limpias.

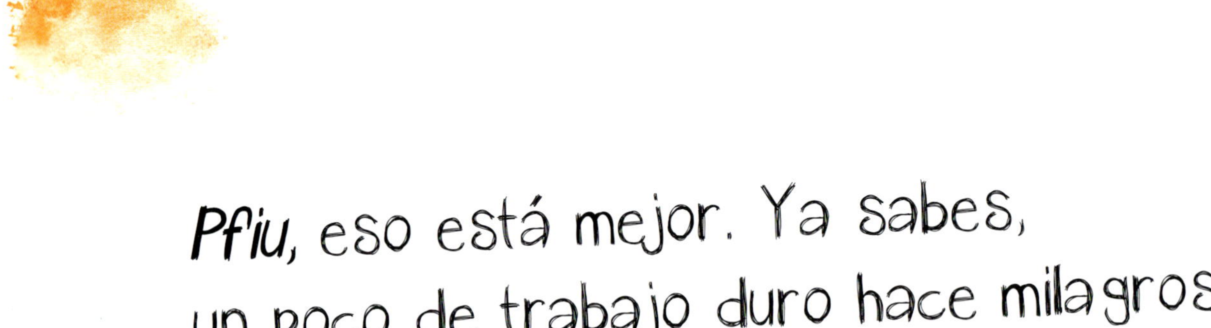

Y después de todo, podría haber sido peor. Podría haber sido...

¡ZUMO DE UVA!

¿Estás bromeando?
¿Hay zumo de uva pegajoso goteando
encima de mis **PERFECTAS** páginas?

Escúchame bien. Si hay algo que tienes que saber en la vida, es esto: ¡el zumo de uva **SIEMPRE** mancha!

¡Se supone que estas páginas son blancas, no **moradas**! Esto no es bueno. ¡No es nada bueno!

¡MALDITA SEA!

¡Esta fregona es inútil ante tal desastre! Primero las huellas, ahora el zumo de uva. Lo juro, este día no podría volverse peor de...

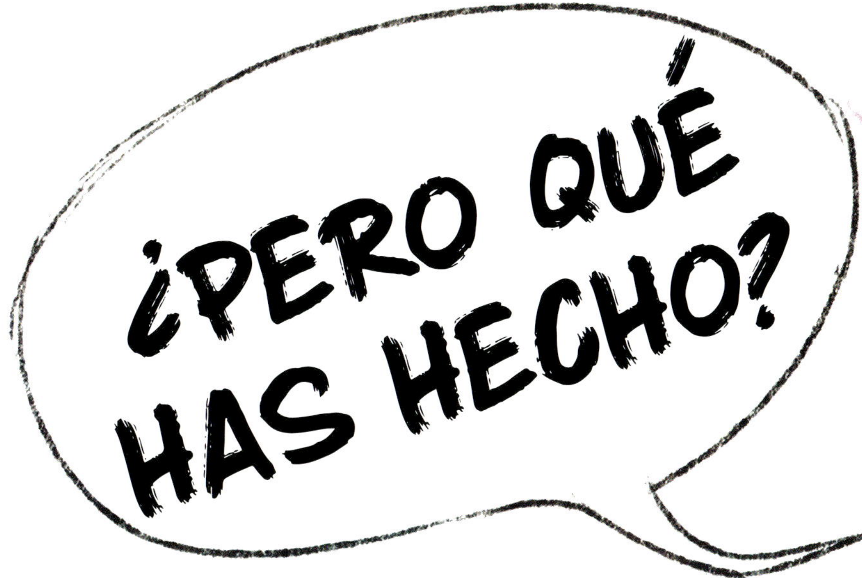
¿PERO QUÉ HAS HECHO?

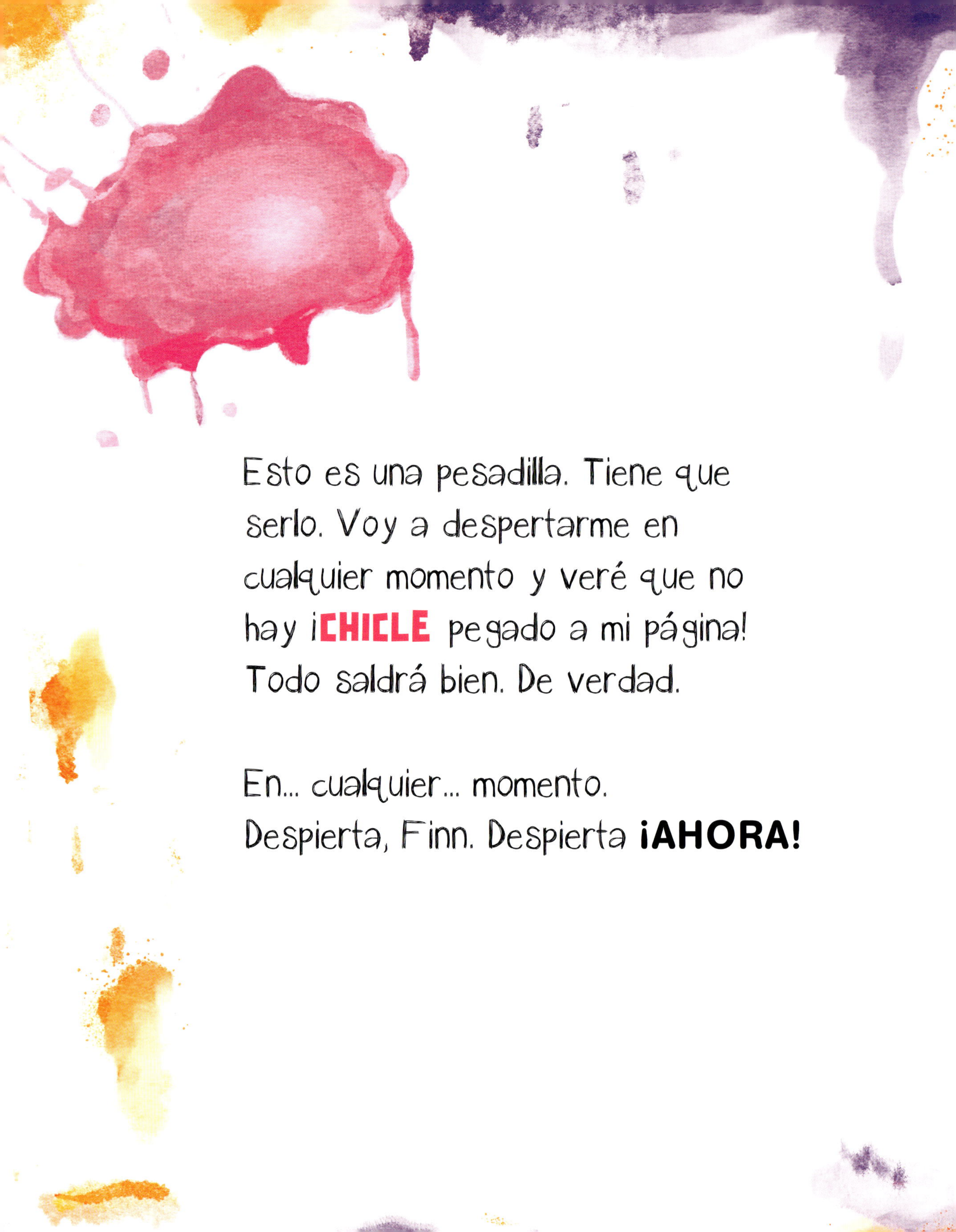

Esto es una pesadilla. Tiene que serlo. Voy a despertarme en cualquier momento y veré que no hay ¡CHICLE pegado a mi página! Todo saldrá bien. De verdad.

En... cualquier... momento.
Despierta, Finn. Despierta **¡AHORA!**

No está funcionando. No creo que esté soñando.

Respira, Finn, respira. Tiene que haber algo que pueda usar para quitar esta cosa pegajosa de mi libro, ¿verdad?

¡SOCORRO! ¡SOCORRO! Esto no es un simulacro. Repito, esto no es un simulacro. ¡Mi página está **RASGÁNDOSE**!

¡Esto es un desastre! Estaba tan emocionado por enseñarte mi libro, ¡pero ahora está estropeado para siempre!

Puf. Sólo quiero que esto se acabe.
Quizás deberías cerrar el libro
y terminar así mi miseria.

¡ESPERA! No cierres el libro. ¿Ves lo que estoy viendo? ¡Este desastre está atrayendo moscas! ¿No sabes que estos pequeños alborotadores vomitan cada vez que aterrizan?

¡PUAJ! Incluso la idea del **VÓMITO** de mosca en mi libro ya me da náuseas.

¡Vete, mosca! *¡Vete!* ¡Fuera!

Oh, no. ¡Esa mosca inútil ha aterrizado en mi libro!
Piensa, Finn, piensa. ¿Cómo se deshace uno de las moscas?

Mmmm. Me pregunto si mi aspiradora tiene un modo para succionar moscas.

CACAHUETE

¡NO! No la aplastes, colega. ¿Tienes idea del desastre que dejaría eso? ¿Has pensado en todas las tripas y otras cosas viscosas que salen de una mosca? ¡No lo hagas en **MI** libro!

Tiene que haber otra manera.

¿Yo? ¿Por qué me estás mirando?
¿Qué quieres que haga?

Ahhhh. Es verdad.

¡AUCH!

¡SLURPP!

CACAHUETE

¡Mmmmm! **¡DE-LI-CIO-SA!** ¡Casi había olvidado lo buenas que saben estas cosas! Y aunque sigo creyendo que ser limpio es la mejor política de todas, quizá este desastre no ha sido tan terrible después de todo.

Pensándolo mejor, sin tu ayuda, ¡nunca habría podido tener estos aperitivos tan buenos! Y, además, si no puedo vivir con este desastre...

¡Siempre puedo pasar la página!

¡SLURPP!

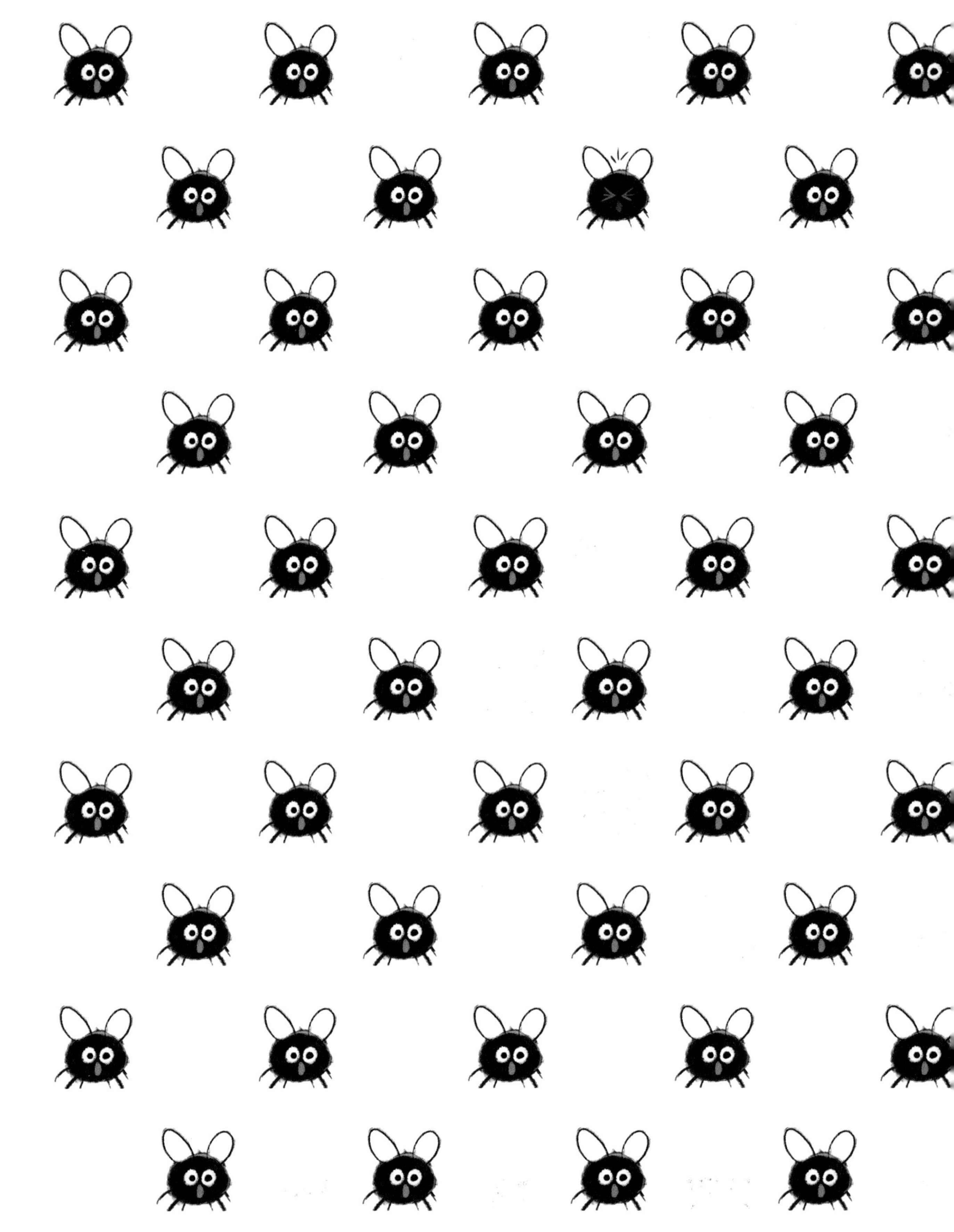